休休文庫

羅振玉 羅福頤 編著

出　品 休休文庫
策劃主編 鄭伯象

貞松堂吉金圖·羅振玉藏器

卷中

國家圖書館出版社

貞松堂吉金圖

貞松堂吉金圖卷中

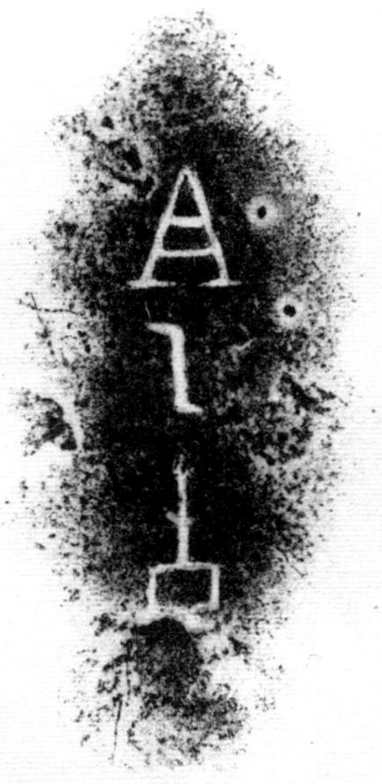

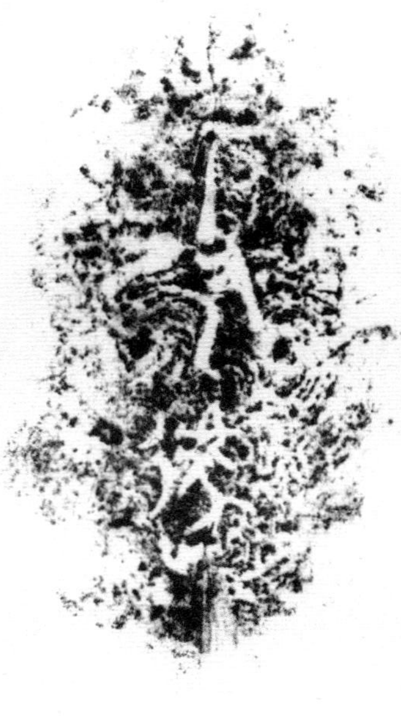

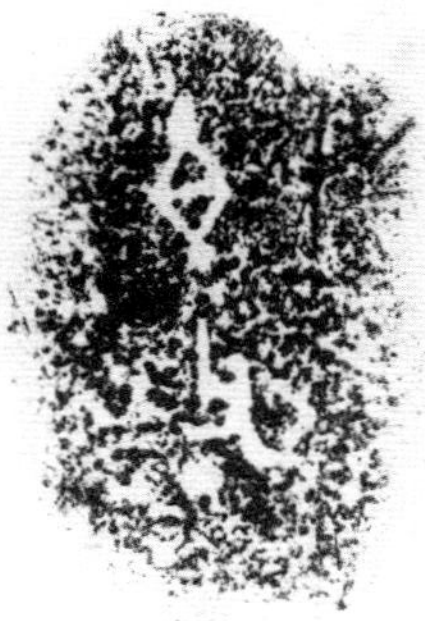

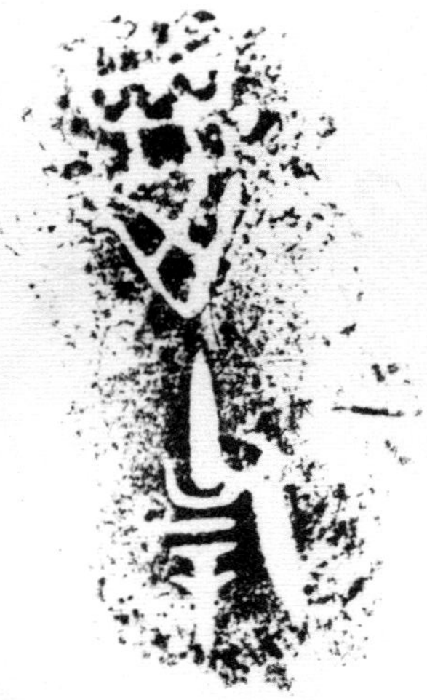

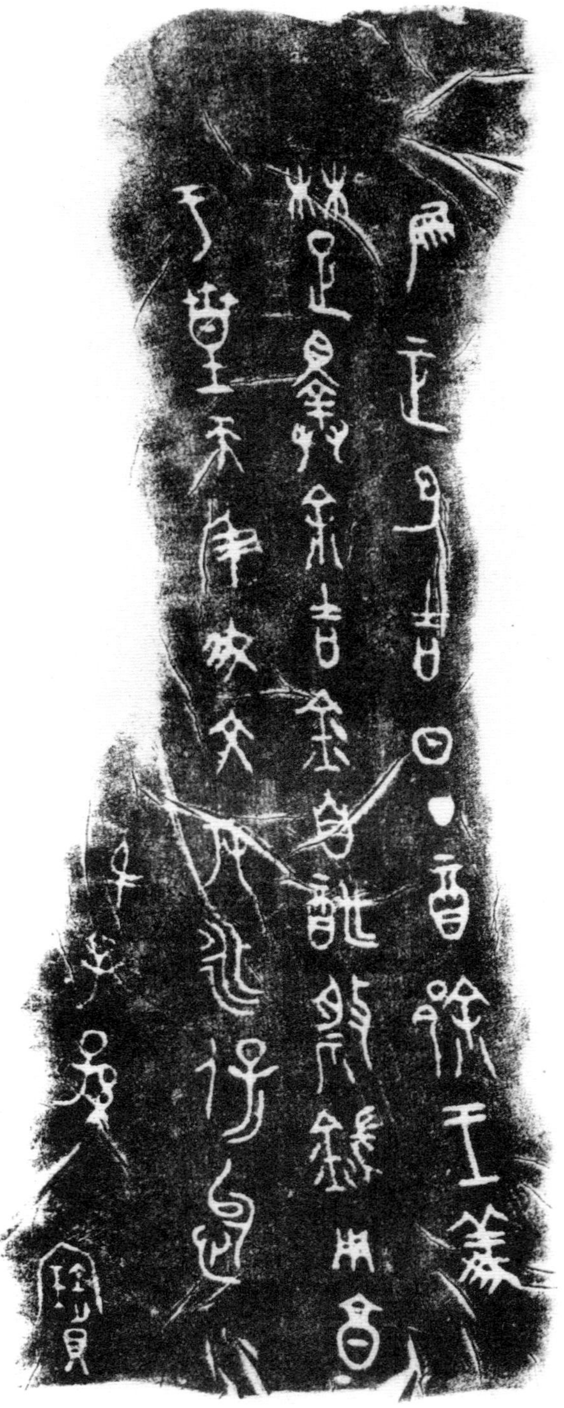

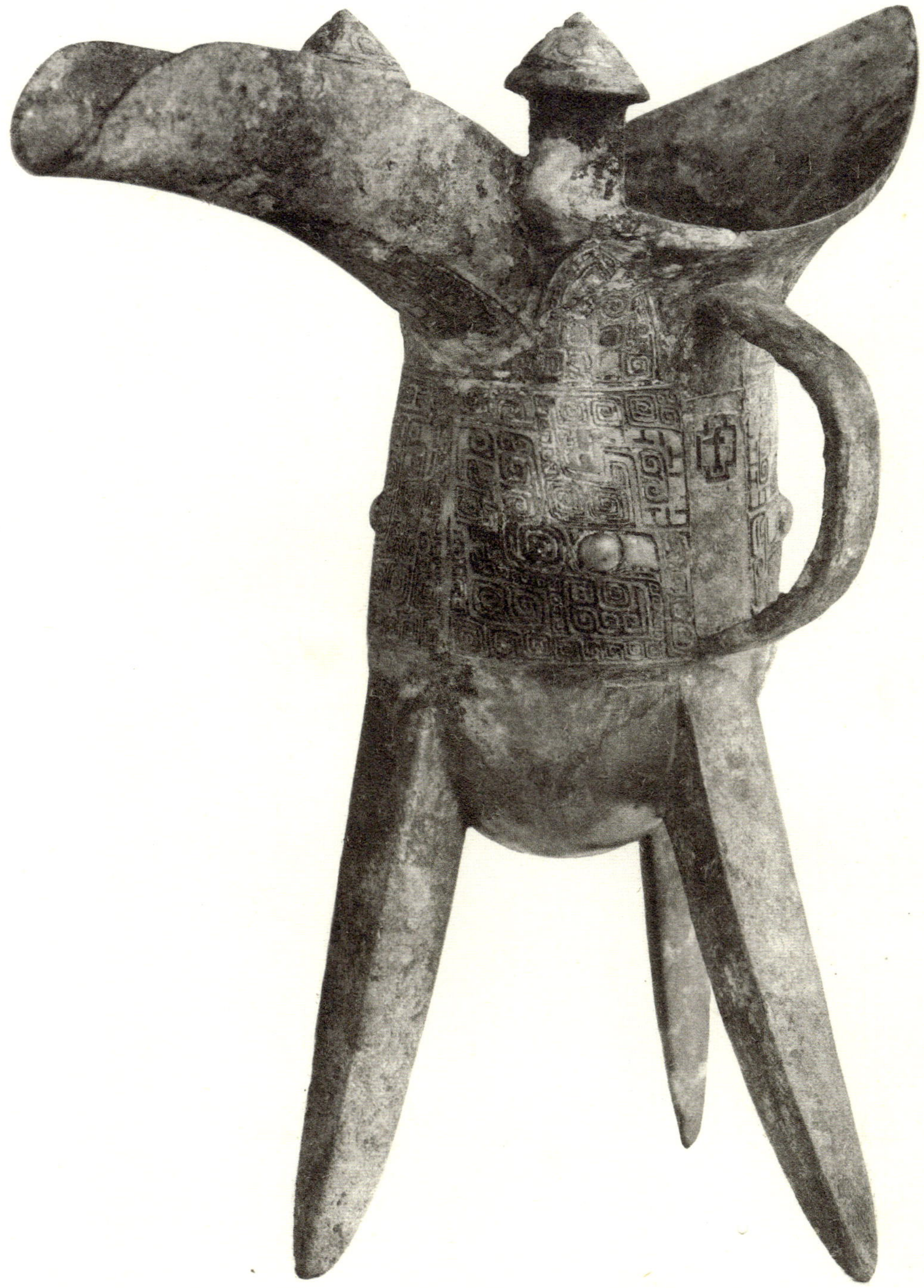

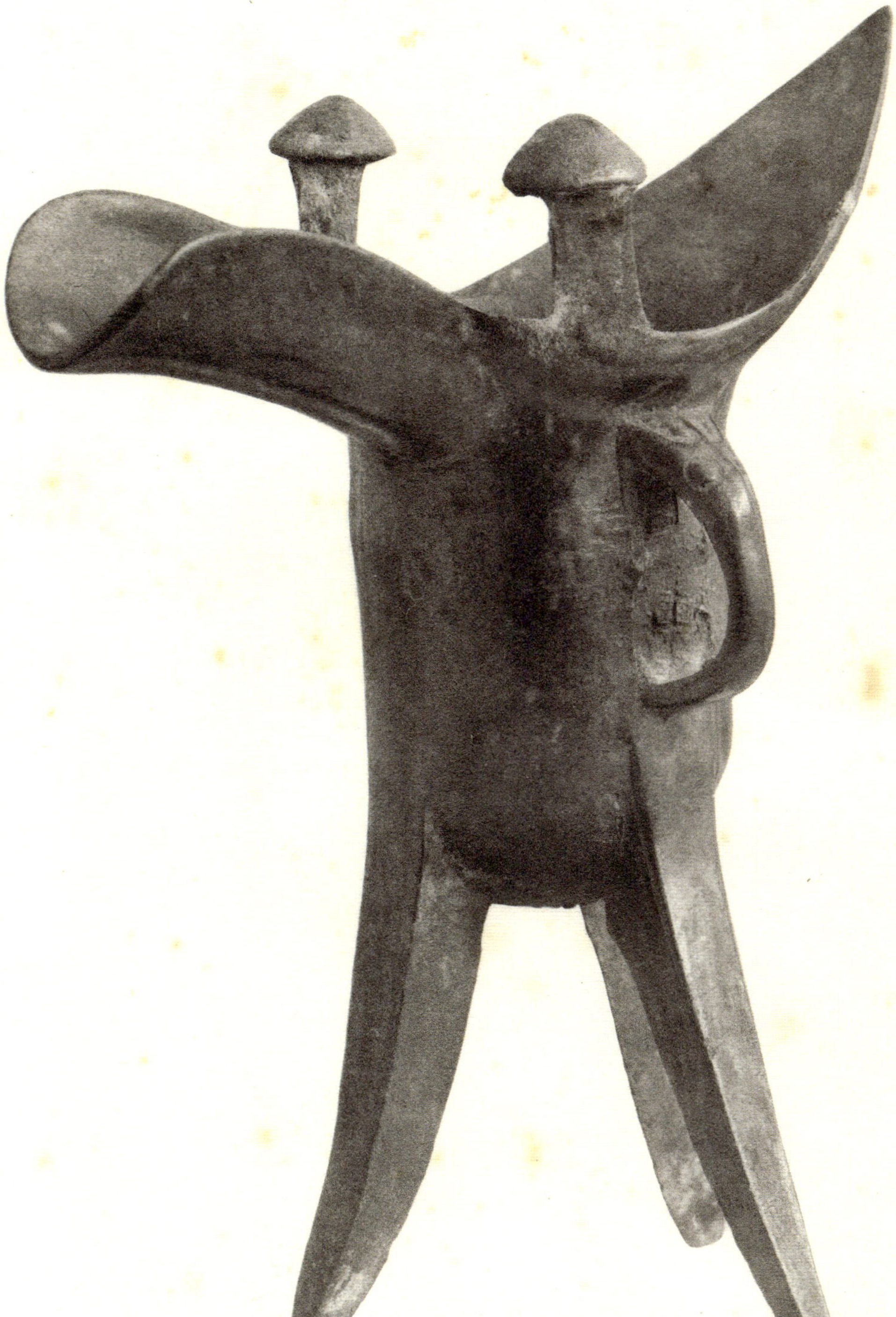

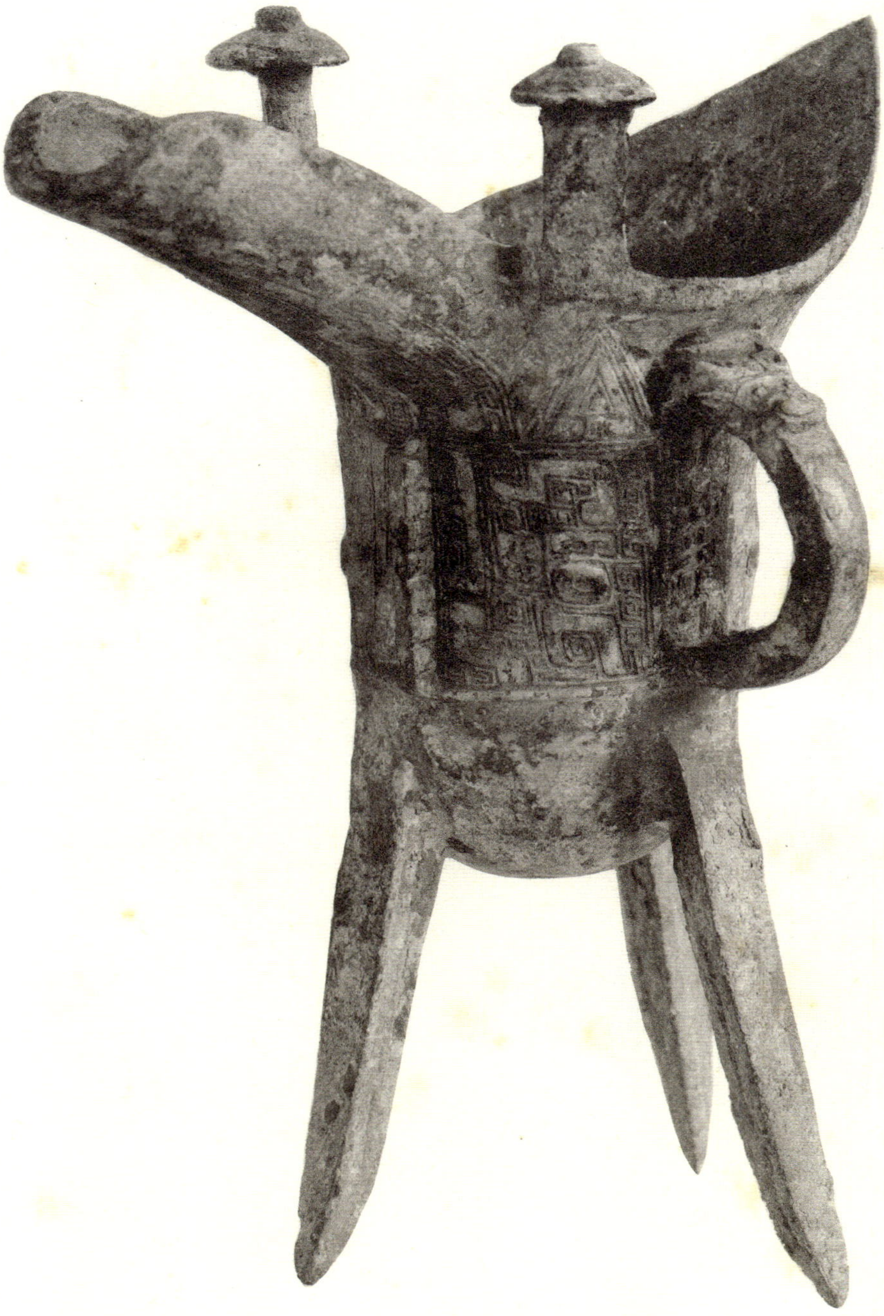

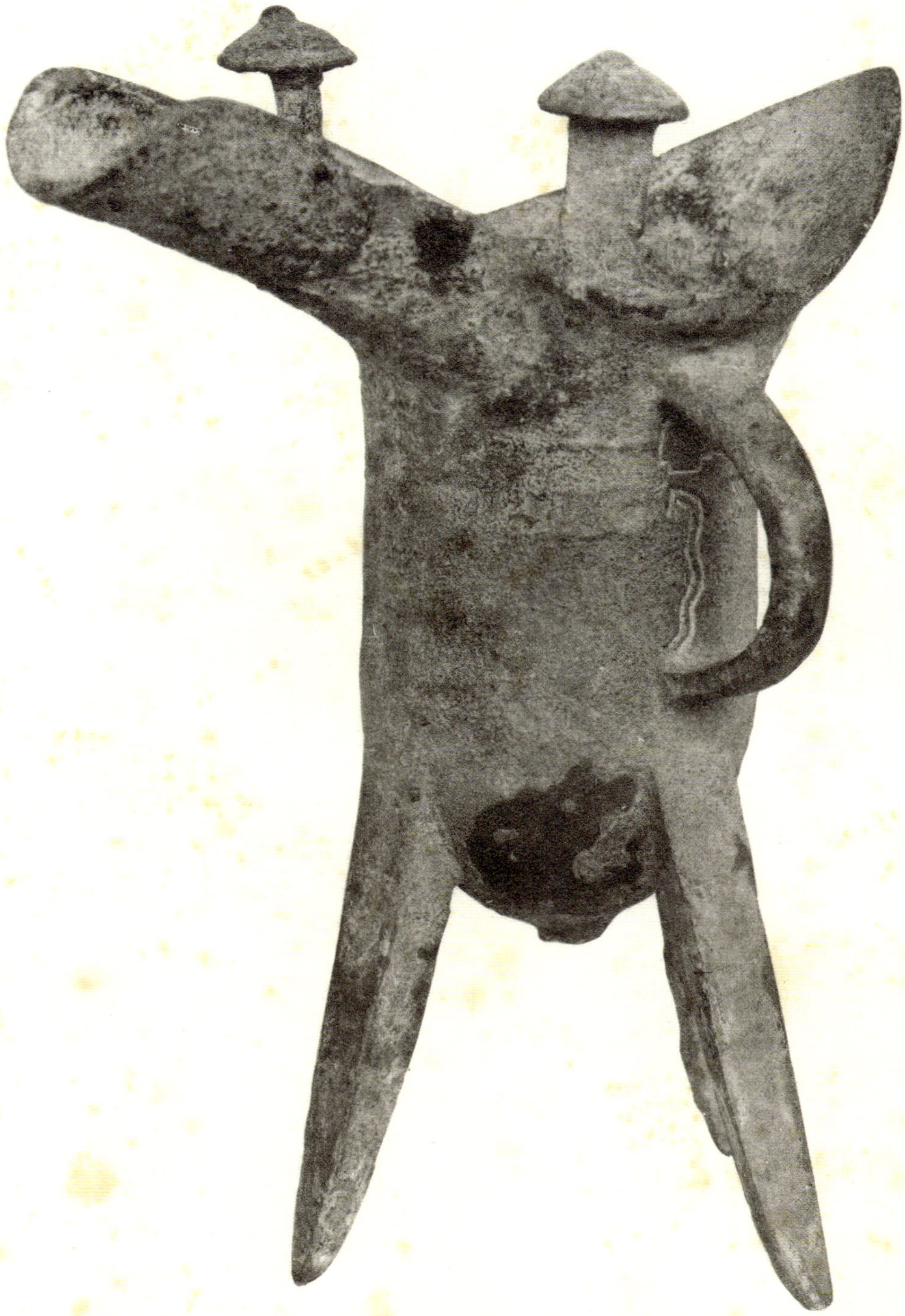

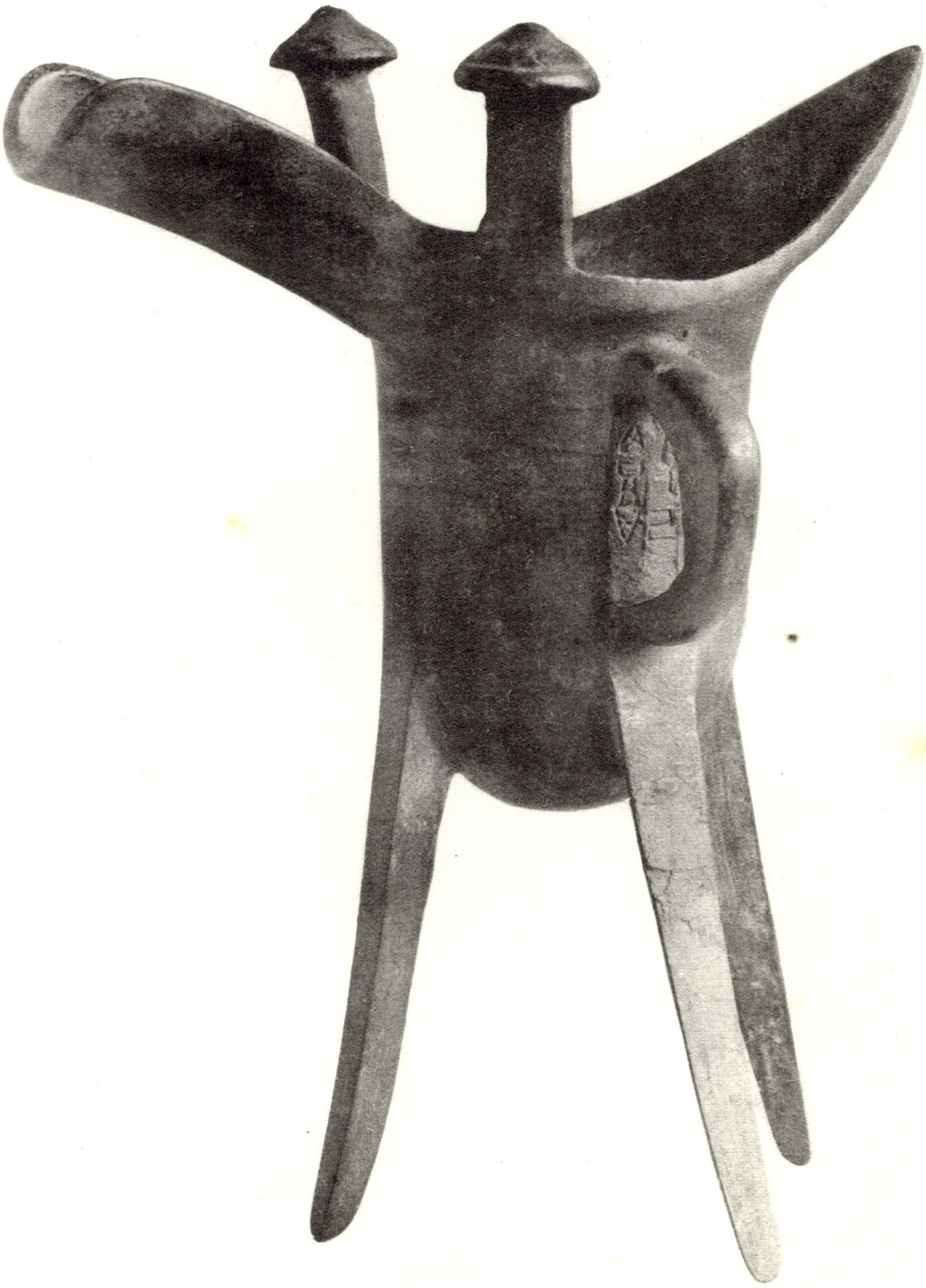

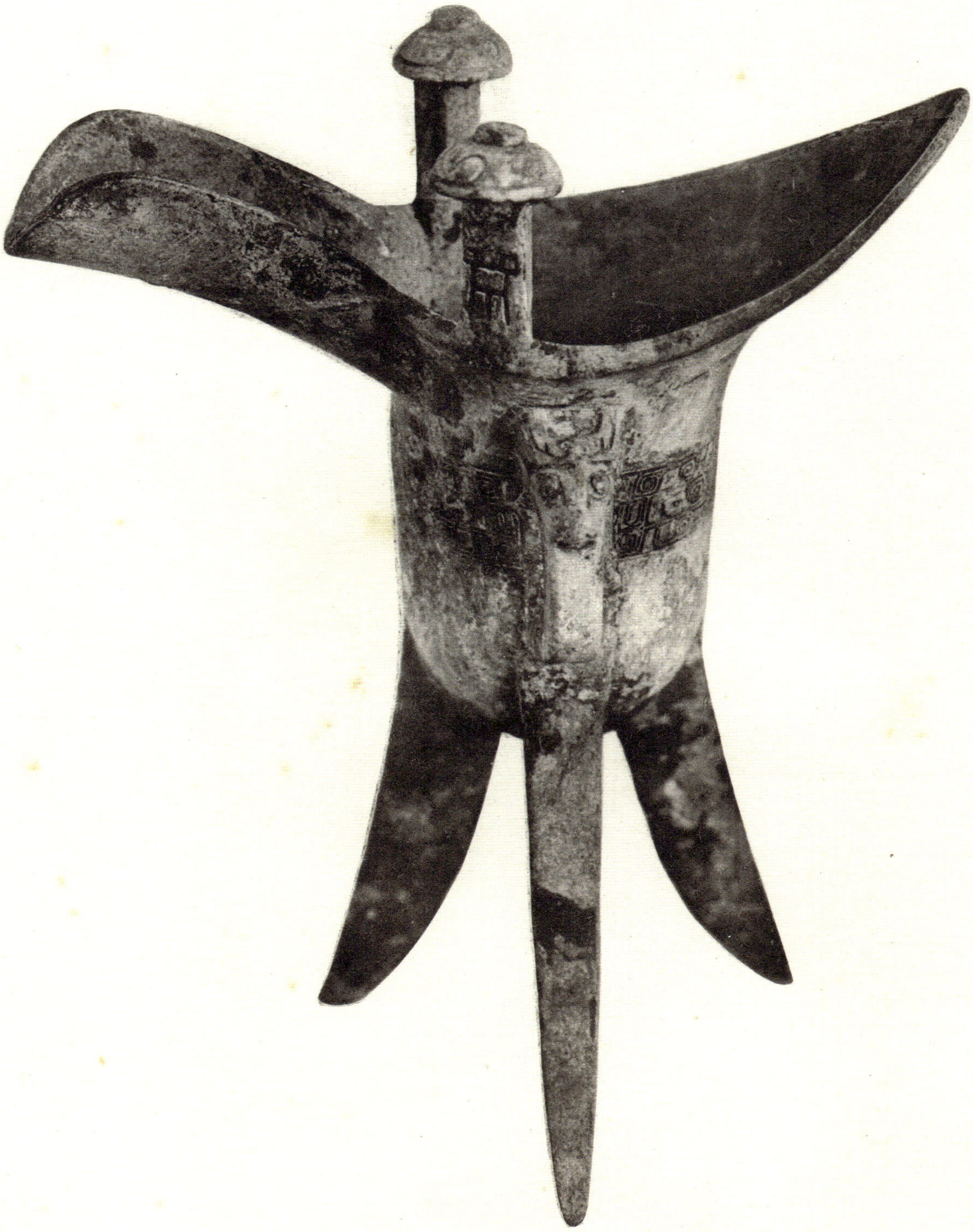

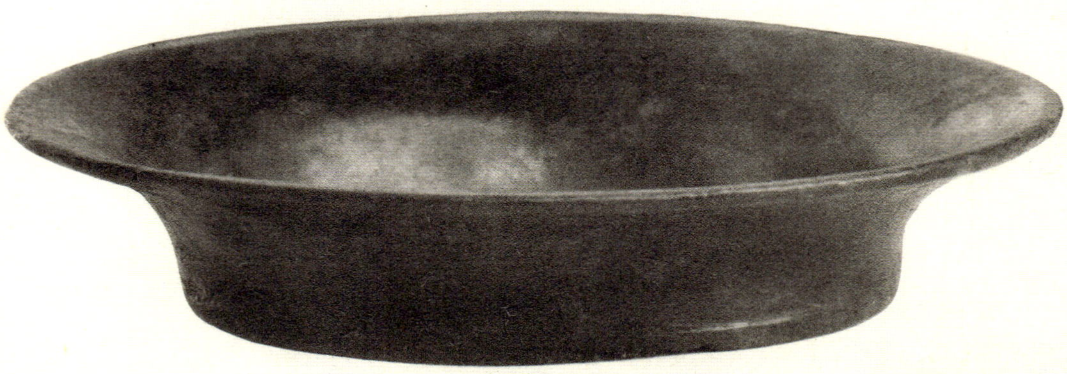

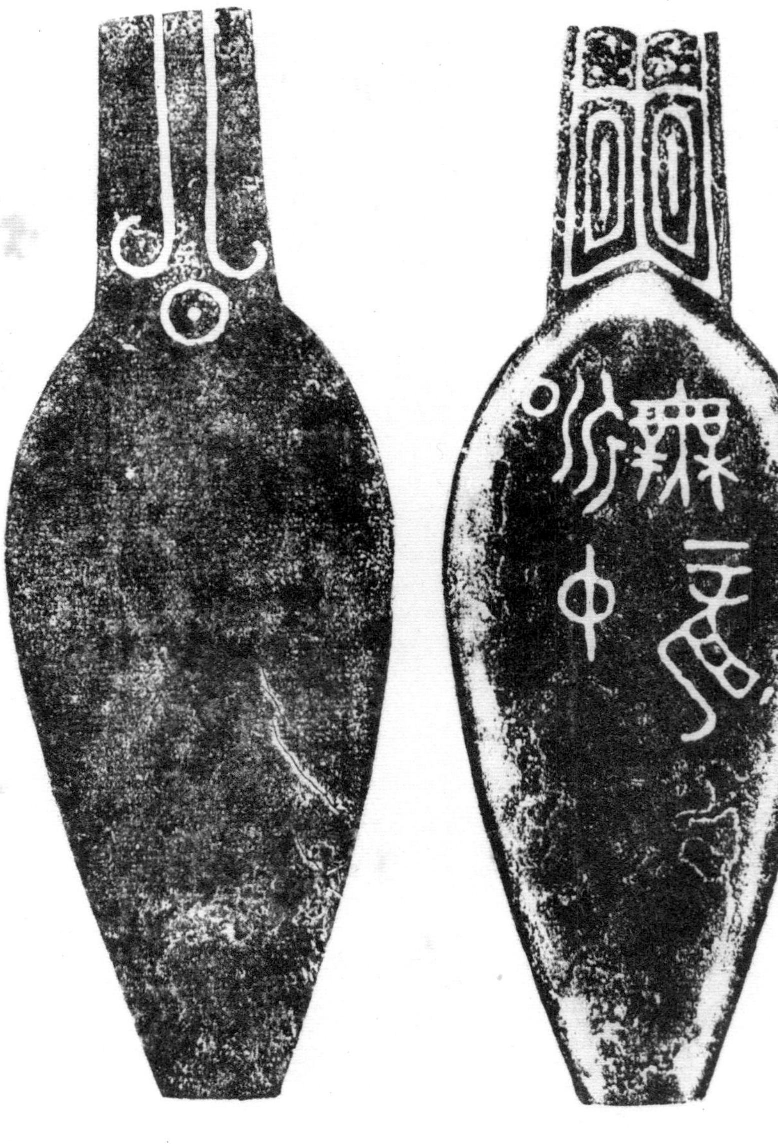

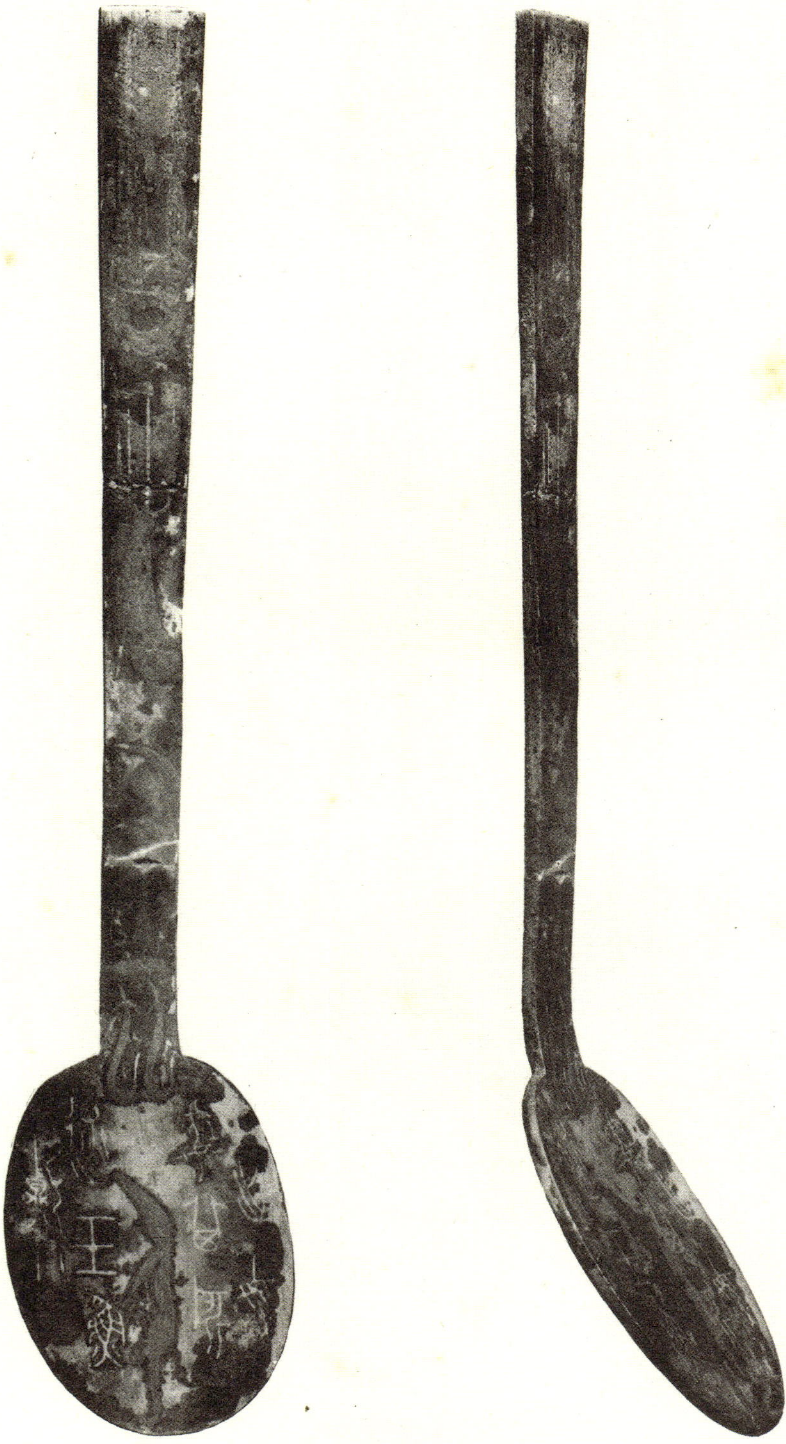

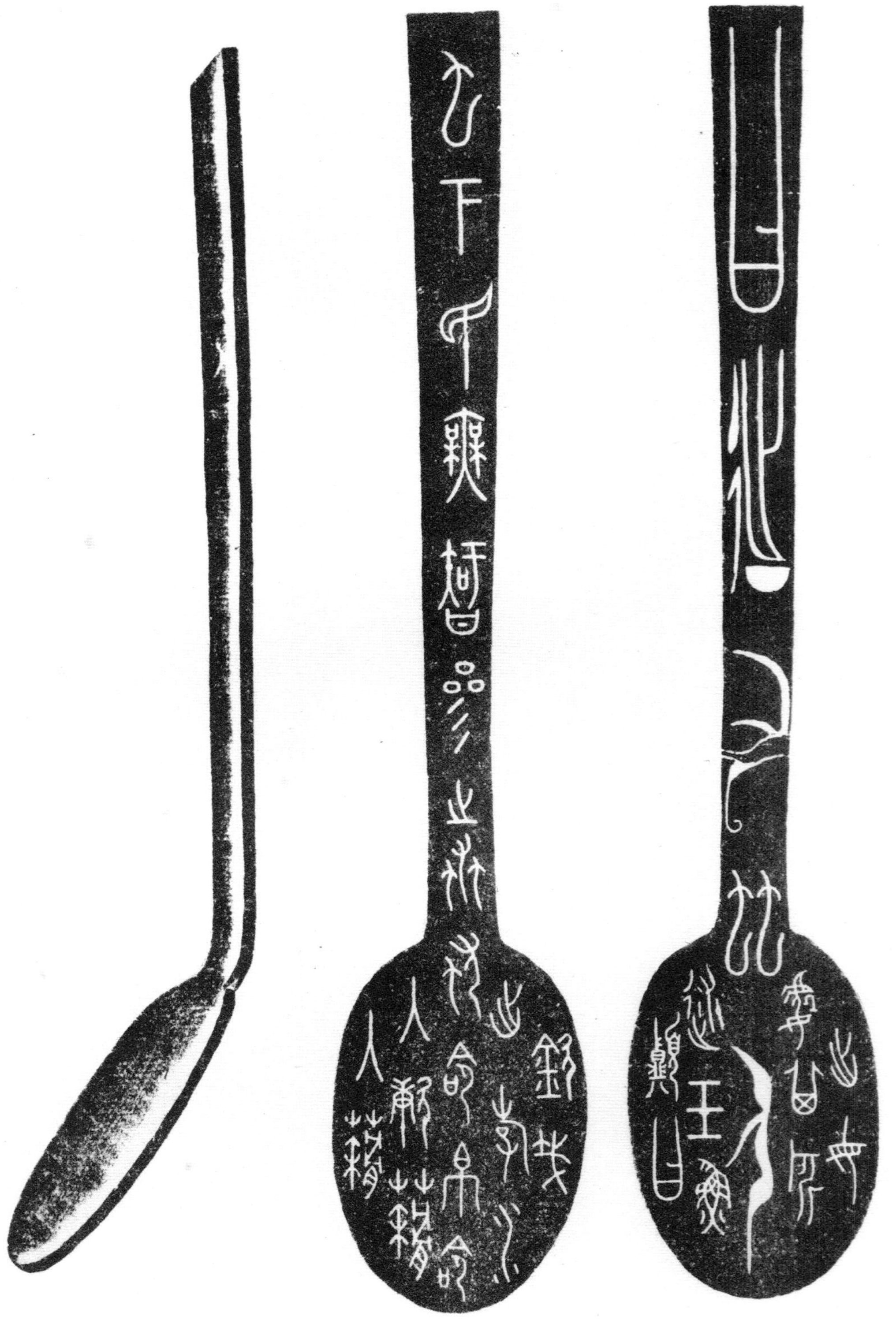

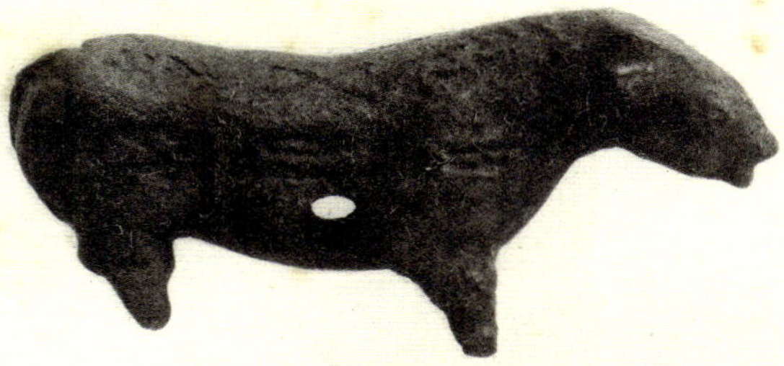

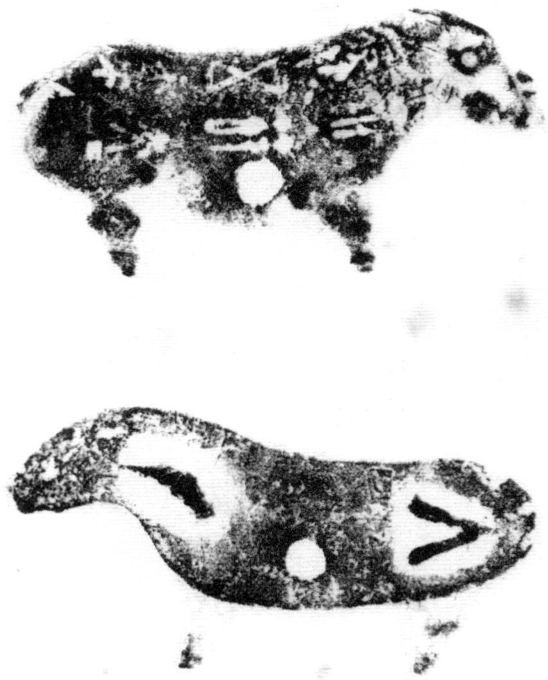

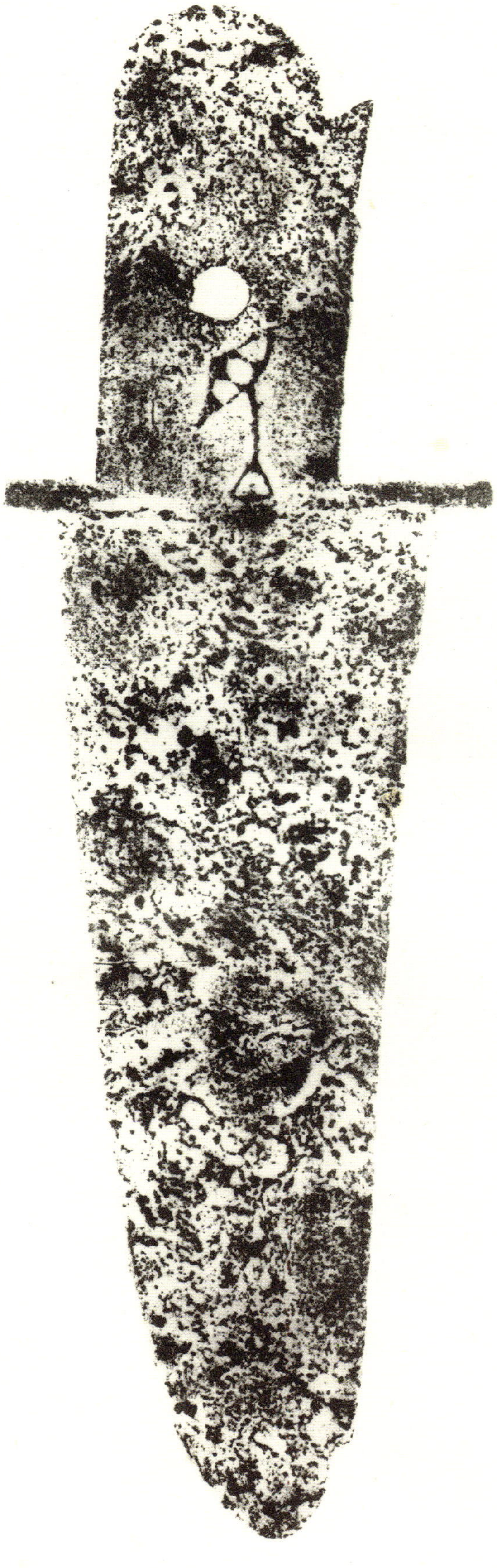

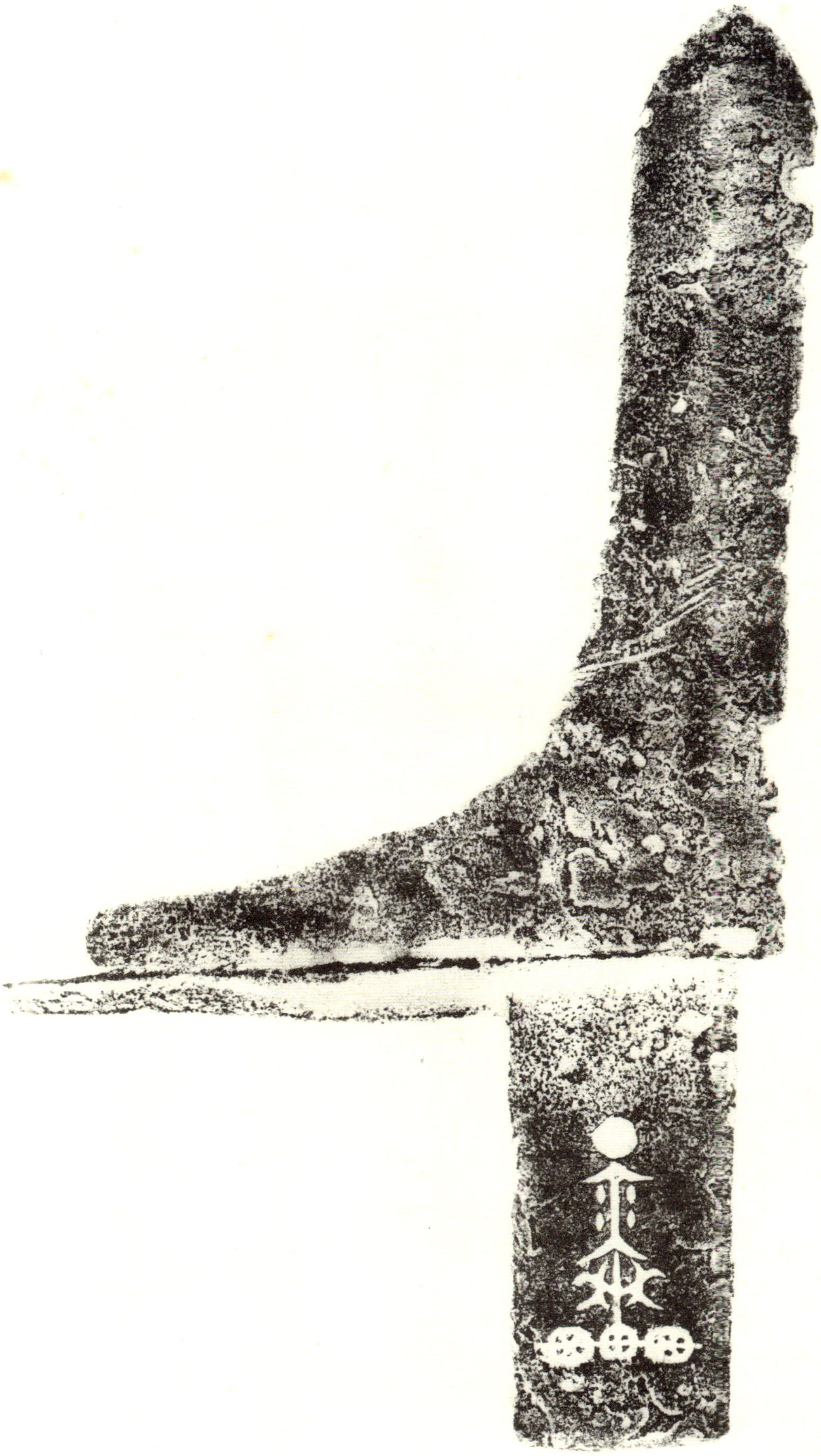

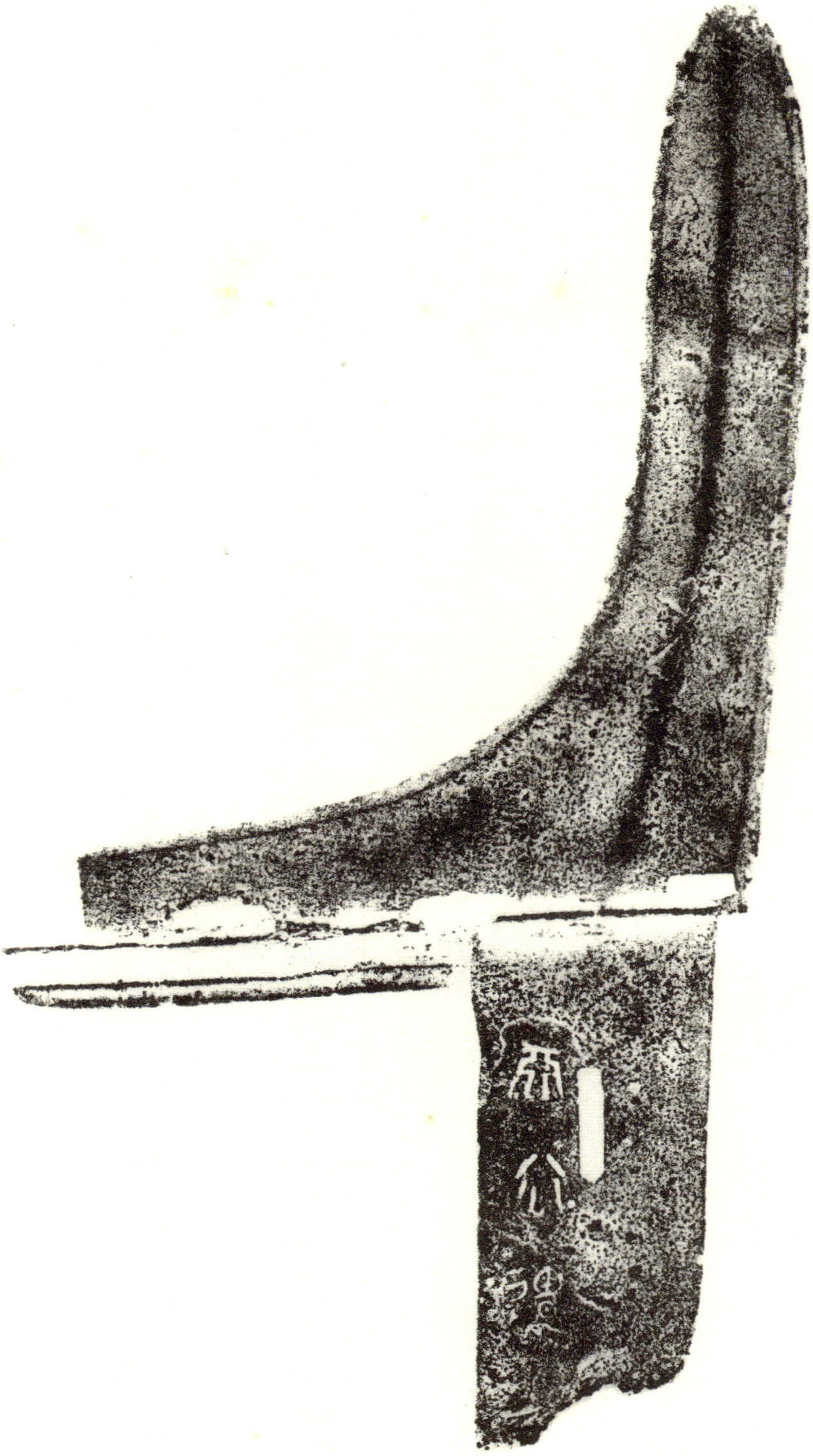

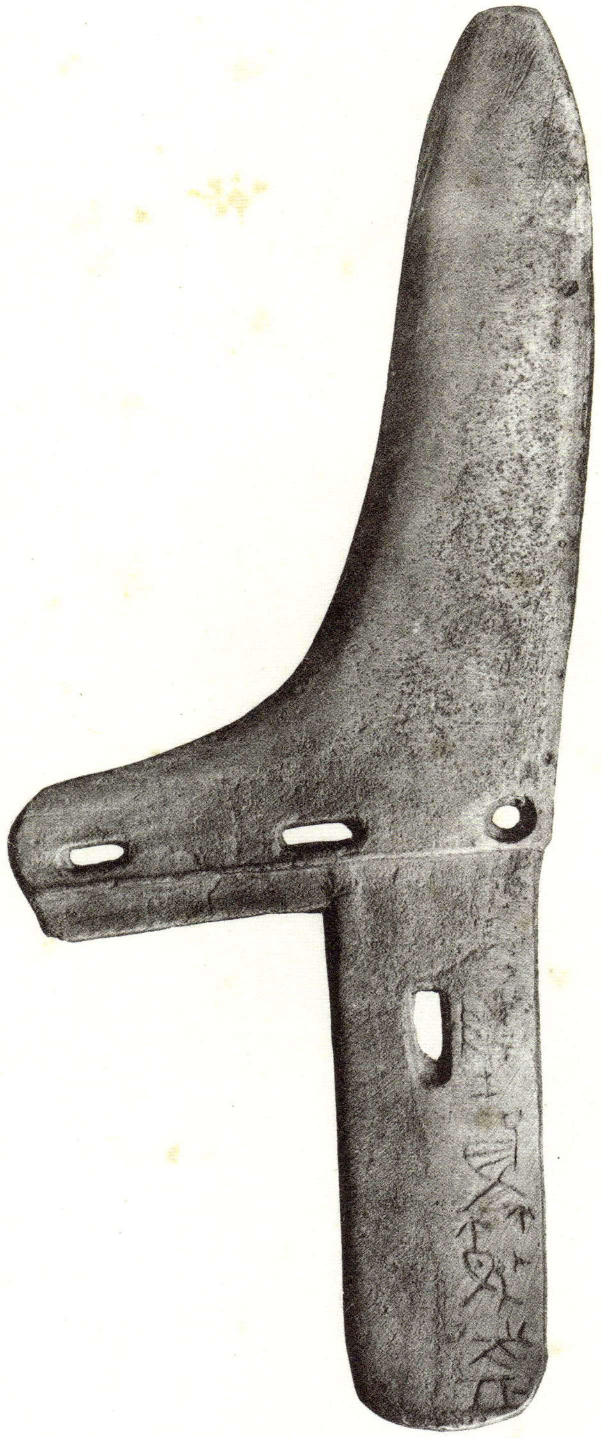

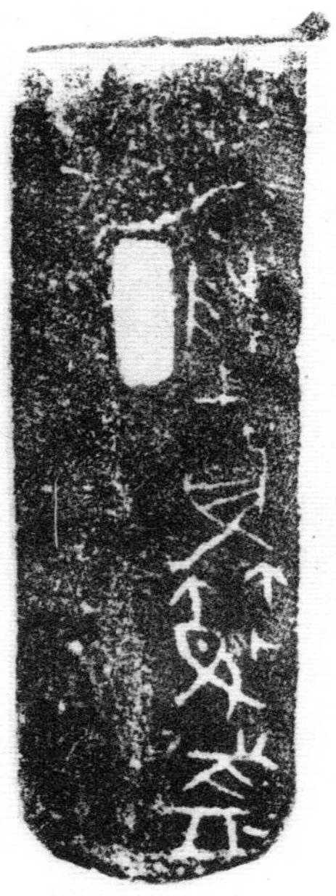

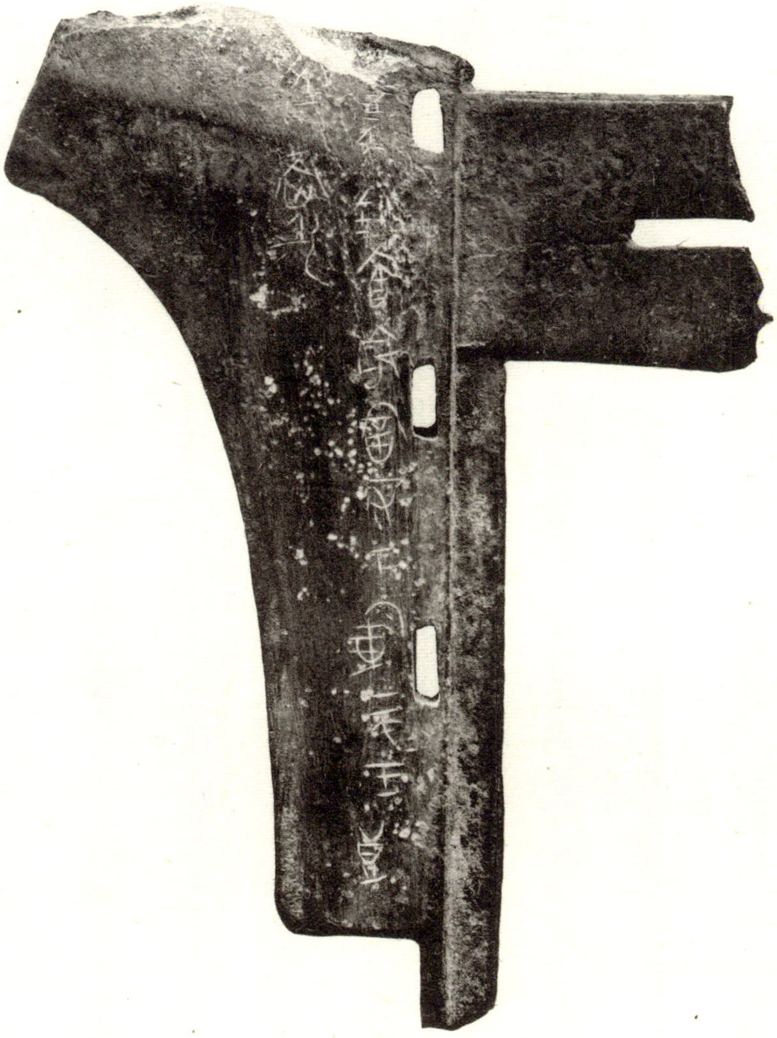

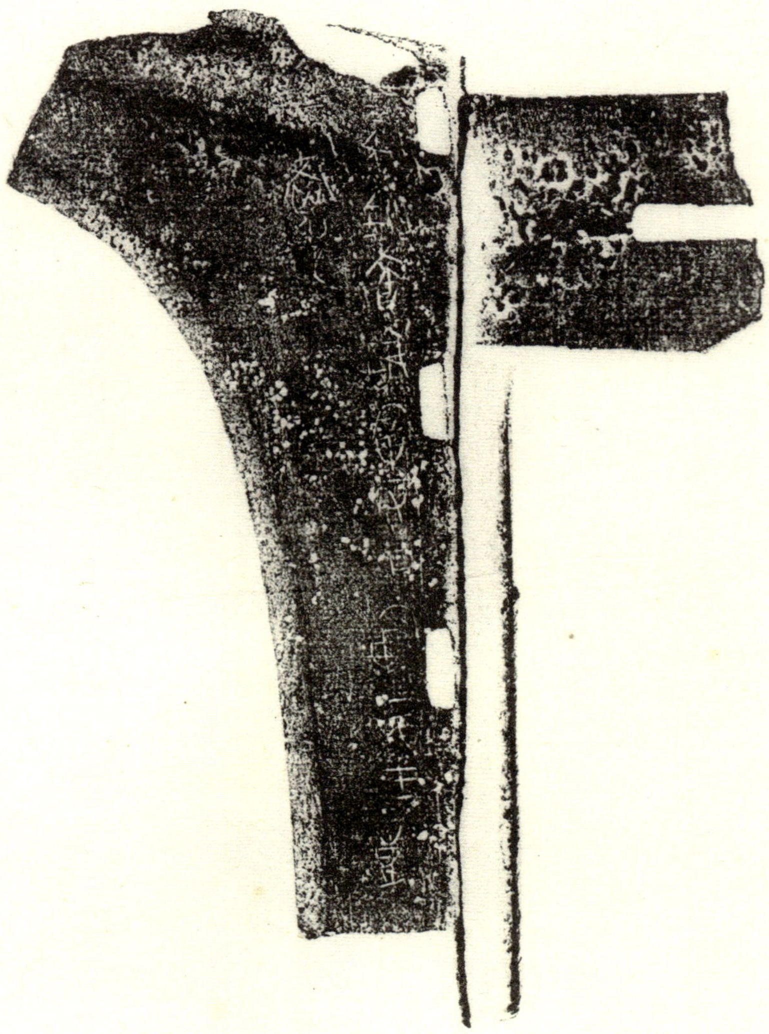

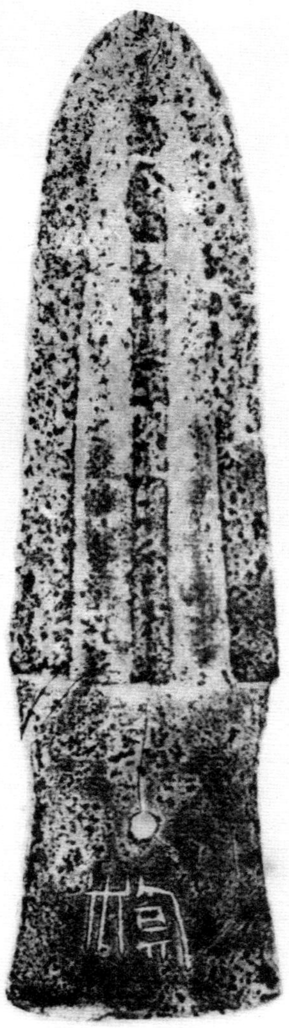

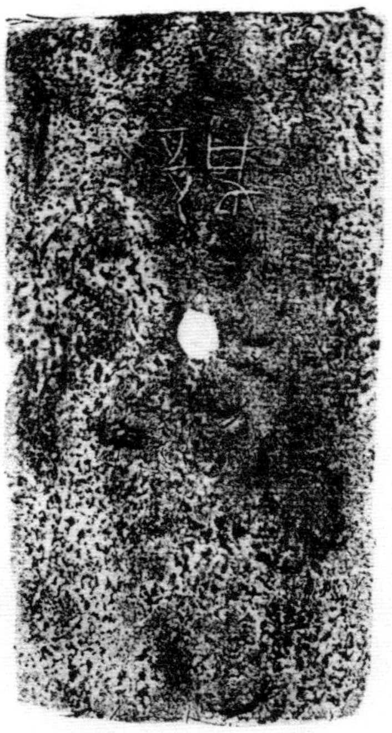

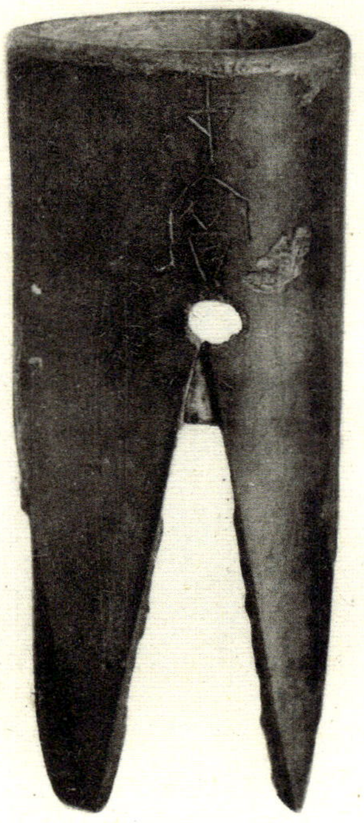